Apóstol Samuel Cameroun

LA OPERACIÓN DE LA IGLESIA APÓSTATA

Apóstol Samuel Cameroun

LA OPERACIÓN DE LA IGLESIA APÓSTATA

BABILONIA

CREDO EDICIONES

Imprint

Cover image: www.ingimage.com

Publisher:
CREDO EDICIONES
is a trademark of
Dodo Books Indian Ocean Ltd., member of the OmniScriptum S.R.L Publishing group
str. A.Russo 15, of. 61, Chisinau-2068, Republic of Moldova Europe
Printed at: see last page
ISBN: 978-613-5-39963-9

Décimo Estudio Bíblico/ 27

LA OPERACIÓN DE

LA IGLESIA APÓSTATA.

PRÓLOGO SOBRE...

Colección de la serie cristiana:

" ¡ AQUEL QUE HAY QUE HACER ADVERTENCIA ! "

(Mateo 24: 15)

Durante nuestro caminar espiritual, nos acercaremos a los fundamentos de la sana doctrina cristiana que es el pilar y el soporte de la verdad. Según el apóstol Pablo animando a su fiel compañero en 1 Timoteo 3: 14-15, él le escribió: " *Te escribo estas cosas, con la esperanza de volver pronto a ti, pero para que sepas, si me demoro, cómo debemos comportarnos en la casa de Dios, que es la Iglesia del Dios vivo, columna y sostén de la verdad* ". Siguiendo al apóstol Pablo, los estudios de esta serie, a lo largo, unirán los temas de la doctrina bíblica con los de la profecía, porque Jesucristo, exhortando fraternalmente a la Iglesia que es `` Miembro de su Cuerpo, está siempre presente junto a su familia. Para ello, las enseñanzas de la presente colección se basarán principalmente en los libros conjuntos de Apocalipsis (Apocali psis), yuxtapuestos con el de Daniel, para confirmar esta buena nueva del mensaje del evangelio. Ya que, llegados al final de los siglos, la doctrina evangélica, los diez mandamientos de Moisés y la profecía fueron preciosamente recomendados a los cristianos auténticos, para que les sirviera de brújula en las tinieblas de las tinieblas del mal. Esto se debe al espíritu de desconcierto que llevó a la apostasía doctrinaria, ahora muy popular, entre todas aquellas comunidades de cristianos que afirman que la Biblia llama " *¡ Babilonia la grande, la madre de lo prohibido* ! " » Apocalipsis 17: 5.

Además, debemos buscar a Dios con todas nuestras fuerzas, ¡nosotros que somos la generación al final de la historia de este mundo destinada a su inminente y eterna ruina! Es solo Jesús, quien ha determinado las condiciones de su salvación para cualquiera que sinceramente quiera escapar saliendo de este mundo impío. Porque él declara solemnemente: " *nadie puede venir a él si el Padre no lo atrae...* " Sin embargo, una vez que viene al Señor, sepamos también que Jesús agrega: " *nadie puede venir a Dios sin pasar por él (Jesús)* ". Finalmente, ¿cuál es el objetivo de nuestro caminar cristiano? ¿ Y qué es la Iglesia de Cristo? ¿Puede ser una organización denominacional? - ¿Las Asambleas Cristianas tienen que depender de alguna agencia gubernamental para probar que son la Iglesia de Cristo?

Mientras los verdaderos cristianos se preparan para afrontar la peor persecución de la historia santa, por el " **666** " que pronto condicionará a todo hombre, - ¿Deberían nuestras finanzas, como los diezmos, comprometerse para ganarnos el cielo? - ¿Está Cristo todavía presente en estas denominaciones llamadas Iglesias? - ¿Quién debería ser la cabeza de la Iglesia de Cristo? - ¿Cómo se construyen actualmente las comunidades cristianas bajo el único Pastor, Jesucristo? - ¿Tiene la Iglesia de Cristo líderes visibles? - ¿Puede esta Iglesia de Cristo mantener la corrupción? ¿Puede comprometer tan poco nuestra salvación por algunas doctrinas no bíblicas? ¿Qué iglesia de hecho hoy está perfectamente de acuerdo con la santa voluntad de Cristo revelada en la Biblia?

Para todas estas preguntas y tantas otras que sin duda olvidamos, la colección `` *Que los que leen, presten atención* '', ofrece exclusivamente respuestas bíblicas sencillas y bastante completas según cada tema abordado. Las respuestas a estas preguntas anteriores en un enunciado, digámoslo, sólo se darán a los corazones humildes, por eso esta serie cristiana *"Tenga cuidado el que lee ",* es una serie de mensajes vivos. Fueron diseñados teniendo en cuenta las necesidades espirituales de nuestra generación, especialmente las profecías que la Biblia, a través de la revelación y enseñanza doctrinal de Cristo, los apóstoles y los profetas de la antigüedad, nos invita a escudriñar día y noche sin descanso. en una vida de oración, su cumplimiento, a fin de darnos la fuerza para comparecer ante el Hijo de Dios en el último día. Aquí está la promesa de Cristo a su Iglesia: " *Al que venciere y guarde mis obras hasta el fin, yo le daré autoridad sobre las naciones*". » Apocalipsis 2:26

NB: A menos que se indique lo contrario, las referencias bíblicas citadas en los estudios están tomadas de la versión de las Sagradas Escrituras (Louis Second). Y para cada tema, puede consultar el resumen en las páginas **37** y **40.** Por la indicación ordinal (pregunta-respuesta), cualquier reacción en particular, podría provocar un apoyo bíblico y/ o comunitario personalizado, por pequeño que sea, ya sea que se manifieste en nuestro sitio web, por llamada telefónica de WhatsApp o en nuestra dirección de correo electrónico marcada en la parte inferior de cada página.

La Iglesia les presenta así una serie de *" 27 estudios bíblicos ", que* complementan la mayor cantidad de mensajes de video y audio en una versión electrónica descargable del sitio web www Christians-Église.org. ¡Todo esto por un número igual de folletos, que se ofrecerán gradualmente, como el Señor Yahvé Dios provee con misericordia y gracia en Jesucristo!

Toda esta colección se ofrece de forma gratuita, con el fin de respetar el espíritu de Cristo que nos recomendó donarla, ya que la recibimos gratis:

¡ENTONCES NO DEBE A NADIE VENDER ESTA PALABRA DE DIOS !

M ais de antemano, los invitamos a recibir la carta del Autor escrita para sus lectores. Esta carta podría servir como hoja de ruta y guía educativa. Sin embargo, nunca es cristiano creer que nuestro Señor actuará de manera idéntica en todos los casos, durante tu crecimiento espiritual o durante el ministerio pastoral de evangelización a través de ti. Es por ello que, una vez más, los invitamos a permanecer atentos a su voz espiritual, a través del canal infalible que representa para cualquiera, la lectura asidua de su palabra, la Biblia.

Hermanos y hermanas, que la paz de Dios, que sobrepasa todo entendimiento, guarde sus mentes en Cristo Jesús. ".

Acoger, tomando con la Iglesia, el pequeño y angosto camino que conduce a la eternidad, y del cual sólo el Hijo de Dios, es Su Guía y El Pastor Soberano...

En primer lugar, le aconsejaremos durante su estudio bíblico que sea crítico con el significado de las doctrinas que abordarán estas santas cartas. En esto, seguirás las recomendaciones de los Apóstoles según Hechos 17:11. *" Estos judíos tenían sentimientos más nobles que los de Salónica; recibieron la palabra con gran entusiasmo y examinaron las Escrituras todos los días para ver si lo que se les decía era correcto. "*

A medida que crece como cristiano, lea su Biblia con regularidad. Escuche al Espíritu Santo. Comparta esta riqueza con otros. Sea generoso, especialmente con los que le rodean. Sepa cómo fomentar las iniciativas de estudios comunitarios. Pon a prueba a quienes con espíritu de vana crítica te acusarán de sectario. Lucha sin dejarte distraer por los enemigos de tu alma. Simplifique su vida cristiana. Ayude a los pobres de su vecindario, comenzando por los miembros de su familia. Participe en campañas de evangelización pública. ¡Explota todos los nichos de la comunicación y difunde las buenas nuevas como sembradores de vida !

No ignore a nadie en sus oraciones. Invoca el favor de Yahvé Dios a los que te escuchan, pero también a los que te resistirán. "No tengas enemigos…, vive en paz con todos… y mantente en perfecta armonía… ", con toda la Iglesia de Cristo local en el país, ciudad o distrito de tu residencia.

Hermanos y hermanas, " huid del pecado " y " sed santos " porque " nuestro Dios es Santo. " Y en agradecimiento a Dios por haberte salvado y enviado ", cántale constantemente y cánticos espirituales bajo la inspiración de su Espíritu. "

Como habéis " recibido gratis ", ¡no rompas esta cadena de solidaridad ! Con los nuevos discípulos, comience presentando el evangelio y luego aborde los temas doctrinales según su audiencia y sus necesidades espirituales. Podrás elegir los temas que más te convengan, obedeciendo la voz del Espíritu Santo. Y como el " eunuco etíope " debes saber que Cristo se les unirá en el camino cuando te tomes la molestia de enseñárselo, especialmente a los jóvenes. Entréguense a sus Hermanos cristianos " como ofrenda a Dios ", porque " la mies es mucha pero los obreros pocos. " Además, recuerda la promesa de Cristo en la parábola de " obreros de la última hora "

Así " nuestro gozo será perfecto " al saber que van camino a la patria celestial, siendo hijos de Dios y siervos de Cristo, si han aprendido que " no hay mayor amor que dar la vida por aquellos a quienes amamos. amor ". Así como " hay más alegría en dar que en recibir "

Por último, ser feliz, a la espera de nuestro Salvador Jesús, que " se no se olvide de su participación en la propagación del Evangelio y el mensaje de la verdad ". No temas sino a Dios mismo. Y luego, muy rápidamente cuéntanos sobre tu testimonio: dones que el Espíritu Santo te habrá otorgado, con miras a perfeccionar el cuerpo de Cristo. " Ser bendecido en todos los sentidos ! "

Entonces, " ***AMADOS*** *", reciban estos estudios bíblicos como un regalo del Señor Jesús, transmitidos por el ministerio de evangelización de su Iglesia en Camerún, por su devoto servidor y modesto hermano de África, que desea recordarles que Yahwéh Dieu, a través de su Hijo Jesucristo, te ama con Amor Eterno. También crea en nuestro devoto afecto fraternal, a través del anticipo del Espíritu Santo. Amén.*

NB: *Al final del estudio bíblico, en la (* **página 42** *) de este título, encontrará los diferentes temas propuestos en la colección de estudios bíblicos "Tenga cuidado el que lee". Recordamos a los lectores que esta serie de estudios bíblicos cristianos está disponible sin cargo para su edificación en www.chrétiens-Église.org*

SAMUEL CAMERUN, *Apóstol del* SEÑOR JESUCRISTO.

camerounsamuel@gmail.com Tel + 237 690600469 o + 237 679647767

Texto introductorio para leer

Apocalipsis 17 y 18.

Entonces vino uno de los siete ángeles que tenían los siete tazones y me habló, diciendo: Ven, te mostraré el juicio de la gran ramera que se sienta sobre muchas aguas. Con ella fornican los reyes de la tierra, y con el vino de su fornicación se embriagan los habitantes de la tierra. Me llevó en espíritu a un desierto. Y vi a una mujer sentada sobre una bestia escarlata, llena de nombres de blasfemia, que tenía siete cabezas y diez cuernos. Esta mujer estaba vestida de púrpura y escarlata, y adornada con oro, piedras preciosas y perlas. Tenía en la mano una copa de oro, llena de abominaciones y las impurezas de su prostitución. En su frente estaba escrito un nombre, un misterio: Babilonia la grande, la madre de rameras y abominaciones de la tierra. Y vi a esta mujer ebria de la sangre de los santos y de la sangre de los testigos de Jesús. Y, al verla, me embargó un gran asombro. Y el ángel me dijo: ¿Por qué estás sorprendido? Te diré el misterio de la mujer y de la bestia que la lleva, que tiene las siete cabezas y los diez cuernos. La bestia que viste fue, y ya no existe. Debe ascender del abismo e ir a la perdición. Y los habitantes de la tierra, aquellos cuyos nombres no fueron escritos desde la fundación del mundo en el libro de la vida, se asombrarán al ver a la bestia, porque era y ya no existe., y que reaparecerá. -Esta es la inteligencia que tiene sabiduría. -Las siete cabezas son siete montes, sobre los cuales se sienta la mujer. También hay siete reyes: cinco han caído, uno existe, el otro aún no ha llegado, y cuando llegue, deberá quedarse un poco. Y la bestia que era, y que ya no es, es ella misma un octavo rey, y es del número de los siete, y va a la perdición. Los diez cuernos que viste son diez reyes, que aún no han recibido un reino, pero a quienes se les ha dado autoridad como reyes por una hora con la bestia. Tienen un propósito y dan su poder y autoridad a la bestia. Pelearán contra el Cordero, y el Cordero los vencerá, porque él es el Señor de señores y el Rey de reyes, y los llamados, los elegidos y los fieles que están con él también los vencerán. Y me dijo: Las aguas que has visto, sobre las cuales se sienta la ramera, son pueblos, muchedumbres, naciones y lenguas. Los diez cuernos que viste y la bestia odiarán a la ramera, la despojarán y dejarán al descubierto, comerán su carne y la consumirán con fuego. Porque Dios ha puesto en sus corazones para llevar a cabo su propósito, y para llevar a cabo un propósito, y dar su reinado a la bestia, hasta que se cumplan las palabras de Dios. Y la mujer que viste es la gran ciudad que tiene reinado sobre los reyes de la tierra. Después de eso, vi a otro ángel que descendía del cielo, que tenía gran autoridad; y la tierra se iluminó con su gloria. Gritó a gran voz, diciendo: ¡Ha caído, ha caído, Babilonia la grande! Se ha convertido en morada de demonios, guarida de todo espíritu inmundo, guarida de toda ave inmunda y aborrecible, porque todas las naciones han bebido del vino del furor de su fornicación, y los reyes de la tierra se han entregado a sí mismos.. con ella a la fornicación, y que los comerciantes de la tierra se han enriquecido con el poder de su lujo. Y oí otra voz del cielo que decía: Salid de en medio de ella, pueblo mío, para que no participéis en sus pecados ni en sus plagas. Porque sus pecados están amontonados hasta el cielo, y Dios se ha acordado de sus iniquidades. Y todos los reyes de la tierra que se han entregado a la inmoralidad sexual y al lujo con ella, llorarán y se lamentarán por ella, cuando vean el humo de su leña. A lo lejos, temiendo su tormento, dirán: ¡Ay! ¡Desgracia! ¡La gran ciudad, Babilonia, la ciudad poderosa! ¡En solo una hora llegó tu juicio! Y los mercaderes de la tierra lloran y se lamentan por ella, porque ya nadie compra su cargamento, carga de oro, plata, piedras preciosas, perlas, lino fino, púrpura, de seda, escarlata, de toda clase de maderas perfumadas., de toda clase de objetos de marfil, de toda clase de maderas muy preciosas, de latón, de hierro y de mármol, de canela, de especias, perfumes, mirra, incienso, vino, aceite, harina fina, trigo, bueyes, ovejas, caballos, carros, cuerpos y almas de hombres. Los frutos que deseaba tu alma se han alejado de ti; y todas las cosas delicadas y hermosas se han perdido para ti, y no las volverás a encontrar. y di: ¡Ay! ¡Desgracia! ¡La gran ciudad, que estaba vestida de lino fino, carmesí y escarlata, y adornada con oro, piedras preciosas y perlas! ¡En tan solo una hora se ha destruido tanta riqueza! Se echaron polvo en la cabeza, lloraron y se lamentaron, lloraron y dijeron: ¡Ay! ¡Desgracia! La gran ciudad, donde todos los que tienen barcos en el mar se han enriquecido con su opulencia, ¡en una sola hora fue destruida! Entonces un ángel poderoso tomó una piedra como una gran piedra de molino y la arrojó al mar, diciendo: Así será derribada con violencia Babilonia, la gran ciudad, y no se la encontrará más. Y los sonidos de los arpistas, músicos, flautistas y trompetistas ya no se escucharán en casa, ningún artesano de cualquier oficio se encontrará en casa, ya no se escuchará en casa. tú el ruido de la muela "

INTRODUCCIÓN

Mi reino no es de este mundo, respondió Jesús. Si mi reino fuera de este mundo, mis siervos habrían luchado por mí para que no fuera entregado a los judíos; pero ahora mi reino no es de aquí abajo. " *Juan 18:36*

ORIGEN DEL REINO DE JESÚS

El *Apocalipsis* contiene el último mensaje de Dios a los pueblos de la tierra (*Apocalipsis 14: 6-14*). También revela las trampas y redes de Satanás y describe la organización mediante la cual opera. Nunca se ha escrito un libro más importante para nuestra generación. Su mensaje es tan importante que Dios pronuncia una sentencia terrible sobre cualquiera que lo manipule (*Apocalipsis 22: 18-19*).

Escuche estas solemnes palabras de *Apocalipsis 14: 8 y 18: 2, 4-5:* " ***Cayó Babilonia..., se convirtió en morada de demonios... Sal de en medio de ella mi pueblo para que... no tengas de sus plagas. Porque sus plagas se han*** *acumulado hasta el cielo, y Dios se ha acordado de sus iniquidades* ".

El mensaje es claro: " ***¡Sal de Babilonia o te perderás !*** " **¿Sabe lo que Babilonia? ¿Podría ser que usted está en Babilonia y no sabe que?**

En esta lección recordamos que el texto introductorio que describe a Babilonia está tomado de *Apocalipsis 17 y 18.* Que Dios nos ilumine con su Espíritu Santo. Podemos releer el texto completo o los extractos sugeridos al comienzo del estudio para facilitar la comprensión antes de esta importante lección.

EL ESTADO DE `` PAS TURO " QUE LOS HOMBRES ASIGNAN IMPUDIAMENTE

1. ¿Cómo llamó el apóstol Pedro a los líderes de la Iglesia cristiana en los tiempos bíblicos?

1 Pedro 5: 2-4

" Aquí están las exhortaciones que dirijo a los ancianos que están entre ustedes "

2. En cuanto a la Apóstol Pablo, lo ¿Llamó ellos? Hechos 20: 28 - 35

" Por tanto, mirad por vosotros mismos y por todo el rebaño sobre el que el Espíritu Santo os ha hecho obispos, para alimentar a la Iglesia del Señor, que él compró con su propia sangre. "

2- ¿Con qué palabras desconcertantes pronuncia el Apóstol Pablo la profecía sobre el carácter codicioso de estos supuestos pastores?

Hechos 20: 28 - 35

" Sé que después de mi partida entrarán entre vosotros lobos crueles, que no perdonarán al rebaño, y que se levantarán de entre vosotros hombres que enseñarán maldades, para instruir a los discípulos. Después de ellos ".

4. ¿Deben los líderes que todavía se llaman Ancianos trabajar
de manera volátil? Hechos 20: 28 - 35

" Velad, pues, recordando que durante tres años no cesé de día y de noche para exhortaros a cada uno con lágrimas. Y ahora te encomiendo a Dios y a la palabra de su gracia, a quien puede edificar y heredar con todos los santificados. "

5. ¿Cómo deben protegerse los ancianos de la iglesia de la miseria? *Hechos 20: 28 - 35 " No deseaba plata, ni oro, ni ropa de nadie. Ustedes mismos saben que estas manos suplieron mis necesidades y las de las personas que estaban conmigo. Les he mostrado en todos los sentidos que es trabajando así como debemos apoyar a los débiles y recordar las palabras del Señor, quien dijo: Hay más felicidad para dar que para recibir. "*

6. ¿Qué misión recibió el apóstol Pedro directamente de Jesús?

Mateo 16: 18 - 19 " Y te digo que tú eres Pedro, y que sobre esta roca edificaré mi Iglesia, y que las puertas del infierno no prevalecerán contra ella. Yo te daré las llaves del reino de los cielos: todo lo que ates en la tierra quedará atado en los cielos, y todo lo que desates en la tierra quedará desatado en los cielos. "

7. ¿Qué hace que Pedro se convierta en el líder de los otros

Ancianos, sus hermanos? Juan 21:15 - 17

" *Después de comer, Jesús le dijo a Simón Pedro: Simón, hijo de Jonás, ¿me amas más de lo que estos me aman? Él le respondió: Sí, Señor, tú sabes que te amo. Jesús le dijo: Apacienta mis corderos. Le dijo por segunda vez: Simón, hijo de Jonás, ¿me amas? Pedro le respondió: Sí, Señor, tú sabes que te amo. Jesús le dijo: Apacienta mis ovejas. Le dijo por tercera vez: Simón, hijo de Jonás, ¿me amas? Peter se entristeció por lo que le había dicho por tercera vez: ¿Me amas? Y él le respondió: Señor, tú lo sabes todo, sabes que te amo. Jesús le dijo: Apacienta mis ovejas.* "

8. Pero, ¿se consideraba Pedro a sí mismo por encima de los demás ancianos de la Iglesia? 1 Pedro 5: 2 - 4

" *Yo, un anciano como ellos, testigo de los sufrimientos de Cristo y participante de la gloria que ha de manifestarse* "

9. ¿Cómo se llamó el apóstol Pedro? 1 Pedro 5: 2 - 4

" Yo, un anciano como ellos, testigo de los sufrimientos de Cristo y participante de la gloria que ha de manifestarse "

10. ¿Fue una tarea voluntaria servir a la Iglesia en los tiempos bíblicos de los Apóstoles? 1 Pedro 5: 2-4

" Apacienta el rebaño de Dios que está bajo tu cuidado, no por obligación, sino de buena gana, según Dios "

11. ¿Cuál fue la motivación de los ancianos en los días de los apóstoles?

1 Pedro 5: 2-4

" No por ganancias sórdidas, sino con dedicación; no como dominantes sobre aquellos que han caído en ti al compartir, sino como modelos del rebaño. "

12. ¿Quién se considera el Pastor Soberano de la Iglesia?

1 Pedro 5: 2 - 4 *" Y cuando aparezca el pastor soberano, obtendrás la incorruptible corona de gloria. "*

13. ¿La Biblia menciona la coronación de mujeres como pastoras en la Iglesia?

Nota: El ejemplo de Joyce Mayer en los Estados Unidos *Deuteronomio 22: 5 " La mujer no vestirá ropa de hombre, ni el hombre vestirá ropa de mujer; porque cualquiera que haga estas cosas es abominación al SEÑOR tu Dios. "*

14. ¿Por qué la Biblia habla del don de pastor cuando no hay nadie que haya sido nombrado tan individualmente? *Mateo 23: 1-11*

" Entonces Jesús, hablando a la multitud ya sus discípulos, dijo: Los escribas y los fariseos están sentados en el púlpito de Moisés. Así que haz y observa todo lo que te digan; pero no actúes

conforme a sus obras. Porque dicen y no lo hacen. Atan cargas pesadas y las ponen sobre los hombros de los hombres, pero no quieren sacudirlas con los dedos. Hacen todas sus acciones para ser vistos por los hombres. Por lo tanto, usan filacterias grandes y tienen flecos largos en la ropa; les gusta el primer lugar en las fiestas y los primeros asientos en las sinagogas; les gusta que los saluden en lugares públicos y que los hombres los llamen rabino, rabino. Pero no te llamas rabino; porque uno es vuestro Maestro, y todos vosotros sois hermanos. Y no llames padre tuyo a nadie en la tierra; porque uno es vuestro Padre, que está en los cielos. No se llame a sí mismo gerentes; porque solo uno es tu Director, Cristo. El mayor de ustedes será su sirviente. "

15. ¿Qué significa tener el don de pastor en el sentido bíblico del término?

Hechos 20: 28 - 35

" *Por tanto, mirad por vosotros mismos y por todo el rebaño sobre el que el Espíritu Santo os ha hecho obispos, para alimentar a la Iglesia del Señor, que él compró con su propia sangre. "*

16. ¿A quién se usó el término Pastor en todas las cartas de los Apóstoles? Hechos 20: 28 - 35

" El Espíritu Santo os ha hecho obispos "
" Apacienta el rebaño " 1 Pedro 5: 2 - 4
" sobre los que han caído ante vosotros ... modelos del rebaño. "

17. ¿Pueden los hombres ser llamados individualmente por el título de Pastor de la misma manera que Jesús? Mateo 23: 1-11

" No se llamen gerentes a sí mismos; porque solo uno es tu Director, Cristo. El mayor de ustedes será su sirviente. "

18. ¿Cuántos dones ministeriales de la palabra le dio Dios a su Iglesia?

1 Corintios 12 ! 27 - 31 " *Ustedes son el cuerpo de Cristo y sus miembros, cada uno por su parte. Y Dios estableció en la Iglesia primero apóstoles, segundo profetas, tercero maestros, luego a los que tienen el don de milagros, luego a los que tienen los dones para sanar, ayudar, gobernar, hablar varios idiomas. ¿Son todos apóstoles? ¿Son todos profetas? ¿Todos son doctores? ¿Todos tienen el don de los milagros? ¿ Todos tienen el don de las curaciones? ¿Hablan todos en lenguas? ¿Todos interpretan? Esfuércese por los mejores regalos. Y todavía te mostraré un camino por excelencia.* "

LA ORDENANZA BÍBLICA QUE ORGANIZA EL CULTO, SE OPONE AL CLERICALISMO MUNDIAL ACTUAL

19. " **¿Qué, pues, hermanos?** 1 Corintios 14:26

Cuando se reúnen, ¿alguno de ustedes tiene un cántico, instrucción, revelación, lengua, interpretación, todo para edificación? "

20. ¿Cuál es la instrucción del apóstol Pablo para el ejercicio del don de la lengua en la Iglesia? 1 Corintios 14:27

" *¿Hay alguno que hable en lenguas, que a lo sumo dos o tres hablen, cada uno por turno, y que alguien interprete?* "

21. Según la Biblia, ¿el don del lenguaje y la profecía se relacionan respectivamente con qué categoría de personas?

1 Corintios 14:27 " *Por tanto, las lenguas son señal, no para los creyentes, sino para los incrédulos; la profecía, por el contrario, es una señal, no para los no creyentes, sino para los creyentes. Entonces, si en una asamblea de toda la Iglesia todos hablan en lenguas y se levantan plebeyos o incrédulos, ¿no dirán que estás loco? Pero si todos profetizan, y viene algún incrédulo o un hombre común, todos lo convencen, todos lo juzgan, los secretos de su corazón se revelan, para que, postrándose sobre su rostro, adore a Dios, y publique que Dios está realmente en medio de ti* "

Falsas concepciones del ejercicio del don del lenguaje en las iglesias contemporáneas:

1 Corintios 14: 2 " *Porque el que habla en lenguas no habla a los hombres, sino a Dios, porque nadie le entiende, y es en el espíritu que habla misterios. El que profetiza, por el contrario, habla a los hombres, los edifica, los exhorta, los consuela. El que habla en lengua extraña, se edifica a sí mismo; el que profetiza edifica la Iglesia. Quiero que todos hablen en lenguas, pero más aún que profeticen. Mayor es el que profetiza que el que habla en lenguas, a menos que éste interprete, para que la Iglesia reciba edificación. Y ahora, hermanos, ¿de qué les serviría si viniera a ustedes hablando en lenguas, y si no les hablara por revelación, ni por conocimiento, ni por profecía, ni por doctrina? Si los objetos inanimados que emiten un sonido, como una flauta o un arpa, no emiten sonidos distintos, ¿cómo se reconocerá lo que se toca en la flauta o en el arpa? Y si la trompeta suena confusa, ¿quién se preparará para la batalla? De la misma manera tú, si por el idioma no das una palabra distinta,*

¿cómo sabrás lo que dices? Porque estarás hablando en el aire. Numerosos SIN EMBARGO los diversos idiomas que puedan existir en el mundo, no hay ninguno qui no es un idioma ininteligible; por tanto, si no conozco el significado de la lengua, seré un bárbaro para el que habla, y el que habla, será un bárbaro para mí. Asimismo tú, puesto que anhelas los dones espirituales, ya sea por la edificación de la Iglesia, buscas poseerlos abundantemente. Por tanto, quien habla en lenguas ruega por el don de interpretación. Porque si rezo en lengua, mi mente está en oración, pero mi inteligencia permanece estéril. ¿Qué hacer entonces? Oraré con el espíritu, pero también oraré con el entendimiento; Cantaré con el espíritu, pero también cantaré con el entendimiento. De lo contrario, si das gracias en el Espíritu, ¿cómo responderá amén el que está en las filas del hombre común? a tu acción de gracias, ya que no sabe lo que estás diciendo? Es cierto que das una excelente acción de gracias, pero el otro no se edifica. Doy gracias a Dios porque hablo en lenguas más que todos ustedes; pero, en la Iglesia, prefiero decir cinco palabras con mi entendimiento, para instruir también a otros,

que diez mil palabras en lenguas. Hermanos, no sean niños cuando se trata de juicio; pero por malicia, sed niños y, en cuanto al juicio, sed adultos. "

22. ¿En qué condiciones no puedes hablar en una lengua?

1 Corintios 14: 28 - 29 " Si no hay intérprete, callar en la Iglesia y hablar consigo mismo y con Dios. En cuanto a los profetas, hablen dos o tres, y los demás juzguen; y si otro que está sentado tiene una revelación, que el primero se calle. "

23. ¿Cómo se debe ejercer el don de profecía en la Iglesia según la Biblia? *1 Corintios 14: 31 - 32*

" Porque todos ustedes pueden profetizar en sucesión, para que todos sean instruidos y todos sean exhortados. Los espíritus de los profetas están sujetos a los profetas "

24. ¿Desviarse de las sagradas órdenes de adoración, conduciría

a qué riesgos según Dios? 1 Corintios 14: 33 - 34

" Porque Dios no es un Dios de desorden, sino de paz. Como en todas las Iglesias de los Santos, las mujeres guarden silencio en las asambleas, porque no se les permite hablar allí; pero estén sujetos, como también dice la ley. "

25. ¿Tienen las mujeres y las hermanas cristianas derecho a un capítulo en el culto cristiano? 1 Corintios 14: 35 - 40

" Si quieren aprender algo, que se lo pregunten a sus maridos en casa; porque es inapropiado que una mujer hable en la Iglesia. ¿De ti salió la palabra de Dios? ¿O es solo a ti a quien ha llegado? Si alguien se cree profeta o inspirado, hágale saber que lo que le escribo es un mandamiento del Señor. Y si alguien lo ignora, que lo ignore. Así que, hermanos, anhelen el don de profecía y no impidan hablar en lenguas. Pero que todo se haga con decoro y orden. "

OBSERVACIÓN DEL DOMINGO BABILÓNICO, CONTRA EL SÁBADO BÍBLICO DEL SÁBADO

26. El día de reposo ya ha sido cambiado o mal observado por todas las comunidades de la Tierra

27. ¿Había permitido Dios que su pueblo reconociera su día de descanso y de comunión exclusivamente con él? Éxodo 16: 4-5

" El Señor dijo a Moisés: He aquí, te haré llover pan del cielo. El pueblo saldrá y recogerá la cantidad necesaria día a día, para que yo los pruebe y vea si andan o no conforme a mi ley. El sexto día, cuando preparen lo que han traído, habrá el doble de lo que recojan día a día. "

28. ¿Cuántos años duraron las pruebas de la observancia del sábado por parte del pueblo en el desierto? Josué 5: 6

" *Porque los hijos de Israel habían caminado cuarenta años por el desierto.* "

29. En la época de Ezequiel, ¿cuál era la preocupación de Dios? Ezequiel 22: 26

" *Sus sacerdotes violan mi ley y profanan mis santuarios, no distinguen lo que es santo de lo profano, no dar a conocer la diferencia entre lo que es impuro y lo puro, se ven lejos de mis días de reposo, y estoy profanadas entre ellos* ".

Nota: Esto todavía sucede hoy. Varios líderes de la iglesia dicen: " *No hay diferencia entre el sábado y el domingo* ". *Pero Dios siempre repite:* " *desprecias mis santuarios, profanas mis sábados* " *(* Ezequiel 22: 8).

30. ¿Qué dice Dios sobre los intentos de cambiar su ley?

Deuteronomio 4: 2 " *No añadirás nada a lo que yo te mando, ni quitarás de él; pero guardarás los mandamientos del SEÑOR tu Dios, como yo te mando.* "

Nota: Las iglesias populares están avergonzadas porque, como hemos visto anteriormente, prácticamente todas las iglesias admitieron en sus textos oficiales que no hay ningún mensaje en las escrituras a favor de la santidad dominical.

31. ¿Dónde está el origen del culto dominical vienen de?

Nota: De la Roma pagana. Llamó el primer día de la semana, el domingo. Traducido al inglés por SUNDAY, que literalmente significa Sun Day.

32. ¿Y cuál es la relación directa entre el SOL y

el culto dominical que se origina en Roma?

Nota: El " Dies Solis ". El `` dios del sol ", a quien Roma adoraba antes de su cambio al culto católico en su forma actual, que se ha convertido en la divinidad oficial de la Iglesia de Roma. Una vez que el Santuario de Italia, construido en Roma, el impacto en la continuación de los mandamientos de Dios, en particular el del sábado, ¡llevó a la profanación del SÁBADO SANTO DE DIOS ! Haciendo así al `` Dios Sol " el dios del imperio bajo el reinado de su emperador Constantino. Tomando oficialmente estas sedes en la ciudad del VATICANO en el 538 según varias fuentes históricas, con la solemnidad de adoración el DOMINGO. Domingo se traduce mejor por el anglicismo DOMINGO que significa "DÍA del SOL", que se opone al SÁBADO del SÁBADO. Evidentemente en el origen del pretexto de la nueva doctrina, Roma evocaba el domingo como el día en que el Señor resucitó, y confirió la solemnidad del domingo de origen romano, a una voluntad divina, una vez casado satánico entre las doctrinas paganas y presuntas similitudes entre la resurrección de Jesús el domingo. Sin embargo, la perfecta voluntad de Dios que no adolece de ninguna ambigüedad en las tablas de la Alianza, bien declaran los Diez Mandamientos: *" Acuérdate del día de reposo para santificarlo.* Decimos en resumen que la profanación del único día eternamente santo que es el SÁBADO del SÁBADO, no es solo un deseo malsano de desafiar a Dios a través de los diez mandamientos como Roma sabe hacerlo tan bien, sino que es la explicación segura de la aplicación del signo de la Bestia en la mano, como consecuencia de la eterna perdición de las almas, por haber perseguido intereses mercantiles en lugar del DIOS VIVIENTE. La Biblia advierte que todo el mundo lo aceptará. *Apocalipsis* (Ver los tres temas abordados dedicándole el tema del " 666 " de esta serie, es decir, los Temas

N ° **4, 5** y **6** de esta colección " **¡Que preste atención el que lee ! "**)

1. El Gran Signo de la Bestia, el (666) revelado.
2. ¿Cómo tomaron ya los Hombres la (666) Señal de la Bestia en la Frente?
3. ¿Cómo tomaron ya los Hombres la (666) Señal de la Bestia en la Mano?

33. La observancia del domingo como día de reposo que reemplaza al sábado, ¿ no estaría relacionada con la marca del "666" en la mano? *Ezequiel 20: 10-12*

" Y los saqué de la tierra de Egipto y los traje al desierto. Les di Mis leyes y les di a conocer Mis ordenanzas, que el hombre debe poner en práctica para vivir de acuerdo con ellas. También les di mis sábados como señal entre ellos y yo, para que supieran que yo soy el Señor que los santifica. "

LA ORDENACIÓN DEL MATRIMONIO BÍBLICO

34. ¿Dónde se celebraban los matrimonios cristianos: Iglesia o familia?

1 Corintios 7: 36 - 38 " *Si alguno considera deshonroso que su hija pase la edad para contraer matrimonio, y que sea necesario casarse con ella, haga lo que quiera, no peca; que nos casemos. Pero el que ha hecho una resolución firme, sin coacción y con el ejercicio de su propia voluntad, y que ha decidido en su corazón mantener virgen a su hija, éste lo está haciendo bien. Por eso, quien se casa con su hija, va bien, y quien no se casa con ella, mejor.* "

35. ¿El matrimonio celebrado por las familias obedece a un mandamiento de Dios? Los cuales uno?

Nota: El quinto mandamiento manda expresamente honrar a nuestros padres. *" Honra a tu padre ya tu madre, para que tus días se alarguen en la tierra que el Señor tu Dios te da. "*

Nota: ¿Pucdcn las palabras *" honor "* dirigidas a los padres referirse a un pensamiento diferente al de respeto? Los cuales uno? Mateo 7: 5-13 *" Entonces los fariseos y los escribas le preguntaron: ¿Por qué tus discípulos no siguen la tradición de los ancianos, sino que comen con las manos inmundas? Jesús les respondió: Hipócritas, bien profetizó Isaías de vosotros, como está escrito: Este pueblo de labios me honra, pero su corazón está lejos de mí. Es en vano que me honra, por dar preceptos que son preceptos de hombres. Renuncias al mandato de Dios y mantienes la tradición de los hombres. Les volvió a decir: Muy bien aniquilan el mandamiento de Dios, para mantener su tradición. Porque Moisés dijo: Honra a tu padre ya tu madre; y: El que maldiga a su padre oa su madre será castigado con la muerte. Pero tú dices: Si un hombre le* *dice a su padre oa su madre: Lo que yo podría haberte ayudado es corbán, es decir, una ofrenda a Dios, no le dejas hacer nada por su padre ni por su madre, anulando así la palabra de Dios por su tradición, que usted ha establecido. Y haces muchas otras cosas similares. "*

Nota: Paul también afirma que el honor puede referirse a la asistencia financiera. ¡Vamos a comprobar ! 1 Timoteo 5: 17-18 *" Sean tenidos por dignos de doble honor los ancianos que gobiernan bien, especialmente los que trabajan en la predicación y la enseñanza. Porque la Escritura dice: No pondrás bozal al buey cuando esté trillando. Y el trabajador se merece su salario. "*

Algunas áreas principales en las que el honor debido a los padres llama a los cristianos que están preocupados por respetar los mandamientos de Dios:

1- EL MATRIMONIO de la jovencita. 1 Corintios 7: 36-38 *" Si alguno considera deshonroso que su hija pase la edad para casarse, y que sea necesario casarse con ella, haga lo que quiera, no peca; que nos casemos. Pero el que ha hecho una resolución firme, sin coacción y con el ejercicio de su propia voluntad, y que ha decidido en su corazón mantener virgen a su hija, éste lo está haciendo bien. Por eso, el que se casa con su hija, va bien, y el que no se casa con ella, mejor.* "

2- DE LA MALA INTERPRETACIÓN DOCTRINAL hacia ellos.

2 Corintios 12:14 " *He aquí, la tercera vez estoy listo para ir a ustedes y no seré una carga para ustedes; porque no son sus bienes lo que estoy buscando, son ustedes mismos. De hecho, no corresponde a los niños cobrar para sus padres, sino a los padres para sus hijos.* "

36. ¿Qué predice la Biblia sobre el abandono de la fe de los creyentes en sus padres al final de los tiempos? 2 Timoteo 3: 1-9

" *Sepa que en los últimos días habrá momentos difíciles. Porque los hombres serán egoístas, amigos del dinero, jactanciosos, altivos, blasfemos, rebeldes a sus padres, ingratos, irreligiosos, insensibles, desleales, calumniadores, intemperantes, crueles, enemigos de la buena gente, traidores, llevados, hinchados de orgullo, amorosos. placer más que a Dios, teniendo la apariencia de piedad, pero negando lo que la hace fuerte. Manténgase alejado de estos hombres. Hay algunos entre ellos que entran en los hogares y cautivan a mujeres de mente débil y limitada, cargadas de pecados, agitadas por pasiones de todo tipo, siempre aprendiendo y nunca capaces de llegar al conocimiento de la verdad. Así como Jannes y Jambres se opusieron a Moisés, estos hombres se oponen a la verdad, corrompidos en el entendimiento, reprobados en lo que concierne a la fe. Pero no progresarán más; porque su necedad será manifiesta a todos, como fue la de estos dos hombres.* "

Hábitos de vestir especialmente los del género femenino que refleja toda la ligereza en el culto según el cual los cristianos deben adorar a Dios en todas las circunstancias.

Avaricia pronunciada contra la ayuda económica para la propagación de la palabra de Dios.

El abandono de la forma de tomar la escena santa según las Sagradas Escrituras en torno a una comida compartida por todas las familias reunidas con el lavamiento de los pies, fortaleciendo así la caridad entre los Hermanos Cristianos.

ESTOS EDIFICIOS LLAMADOS IGLESIAS

37. ¿Ordenó Jesús la construcción de edificios llamados iglesias?

Isaías 66: 1 -2 *" Así ha dicho Jehová: El cielo es mi trono, y la tierra el estrado de mis pies. ¿Qué casa me podrías construir y en qué lugar me darías para vivir? Todas estas cosas las hizo mi mano, y todas llegaron a existir, dice el Señor. Este es a quien miraré: el que sufre y tiene un espíritu abatido, el que teme mi palabra. "*

38. ¿Dónde reside el Espíritu de Dios? ¿En el corazón del Hombre o en estos edificios llamados Iglesias? 1 Pedro 2: 3-9

" Si has probado que el Señor es bueno. Acércate a él, piedra viva, rechazada por los hombres, pero escogida y preciosa ante Dios; y vosotros mismos, como piedras vivas, edificaos para formar una casa espiritual,

un sacerdocio santo, para ofrecer víctimas espirituales, agradables a Dios por Jesucristo. Porque está dicho en la Escritura: He aquí, pongo en Sion una piedra angular, escogida, preciosa; Y el que crea en ella, no se avergonzará. Así que el honor es para ustedes los que creen. Pero para los incrédulos, la piedra que desecharon los constructores se ha convertido en cabeza del ángulo, y piedra de tropiezo y piedra de escándalo; la enfrentan por no haber creído en la palabra, y para eso están destinados. Tú, al contrario, eres una raza elegida, un real sacerdocio, una nación santa, un pueblo adquirido, para que puedas proclamar las virtudes de Aquel que te llamó de las tinieblas a su luz admirable ".

Los cinco dones del ministerio de la palabra que la Iglesia hoy no reconoce debido a la abominación desoladora y el espíritu de engaño que ciega al pueblo de Dios.

TODO EL ARSENAL DECORATIVO DE OBJETOS FARFELUS AÑADIDO AL CULTO BABILONIA

EL SÍMBOLO DE UNA APOSTASÍA ESPIRITUAL

39. ¿Qué mensaje envió el ángel al mundo antes del regreso de Cristo?

Apocalipsis 14: 8

" Se cayó .... "

40. ¿Qué manda Dios da acerca de Babilonia?

Apocalipsis 18: 4

" .... desde el medio de ella .... gente "

NOTA: El orden es para el pueblo de Dios. Muchos todavía están en Babilonia. Con amor, Dios los llama a salir de él antes de que los amigos lo alcancen.

41. ¿Cuáles son las razones por las que Dios quiere que su pueblo salga de Babilonia?

a. Una casa de ……

B. Un refugio de todo …….

vs. Las naciones beben su ……..

D. Ella se complació en ……….. ……… con los reyes de la tierra.

mi. No participe en su …… ……………

F. No participar en su ……………………

gramo. Sus pecados se acumularon hasta …….

i.

Dios recordó su ………………..

NOTA: Es obvio que la justicia divina se establece en el juicio de Babilonia sobre la cuestión de sus acciones satanistas y perversas, por lo que en este asunto se ocupará de ello. Sea lo que sea, es mejor que el pueblo de Dios salga de en medio de ella.

42. Algunos dicen que esta es la ciudad real, restaurada. ¿Qué dice la Biblia dice? *Isaías 13: 19 - 21*

" Babilonia .... ya no será .... "

NOTA: La restauración de la antigua Babilonia es imposible. Dios dijo que no lo haría.

43. ¿Qué símbolo usa Dios para describir a Babilonia?

Apocalipsis 17: 15

" Un ...... sentado en un .... "

NOTA: Una cortesana montando una bestia. Como hemos visto, puro Representa que una mujer tiene una Iglesia fiel (Vea la lección 16) Una mujer corrupta Representa un año de la Iglesia apóstata (*Jeremías 3: 1-18, 20 Ezequiel 16: 26-27; Isaías 50: 1; Jeremías 13:27; Oseas 2: 2- 5 Ezequiel 23: 1- 21; Apocalipsis 14: 4*).

44. ¿Cómo llama Apocalipsis a Babilonia la grande?

Apocalipsis 17: 5.

NOTA: El peligro es grande cuando una persona lee en las Escrituras algunas enseñanzas sobre este tema y otras como importantes y recibe doctrinas diferentes de su Iglesia. Algunos concluyen que no pueden entender la Biblia. La verdad es que entienden bien, pero se les ha enseñado mal.

ABOMINACIÓN DE DESOLACIÓN (papado) - PASADO, PRESENTE, FUTURO

45. ¿Cómo describe Dios a la Bestia de Apocalipsis 17?

" La bestia...., Ya no más..... es............ "

NOTA: Los capítulos 13 y 17 describen " *La abominación desoladora* " = *Cabeza de la Iglesia Católica de Roma.* El capítulo 13 no hace distinción entre los aspectos religiosos y políticos de este poder. El capítulo 17 hace la distinción. La mujer prostituta es la iglesia apóstata. Ella monta una bestia (un estado o gobierno). Esto indica que está respaldado por el estado y el control. Es obvio que Juan indica, aquí, una connivencia entre los poderes civil y religioso.

AQUÍ ESTÁ LA EXPLICACIÓN

La misteriosa frase " *La Bestia que viste era y no es". Debe levantarse del abismo e ir a la perdición* ", se refiere a diferentes tiempos de" *Abominación desoladora* "= *Cabeza de la Iglesia Católica de Roma.* Esta indicación cronológica, que llega justo después de la mención de las persecuciones de la " *Abominación desoladora* " = *Cabeza de la Iglesia Católica de Roma, nos lo* sugiere. _

ERA- El período de 1260 años de persecución de la " *Abominación desoladora* " = *Cabeza de la Iglesia Católica de Roma.*

YA NO MÁS - El período de " herida mortal " y convalecencia (Apocalipsis 13: 3)

ELLA SE LEVANTA - Los últimos días, después de la curación milagrosa de la herida mortal, cuando la Bestia recibe, por una hora, la autoridad con la Bestia (*Apocalipsis 13: 3; 17: 12-13*).

46. ¿Qué poderes están représentée par l'seven mountains?

Apocalipsis 17: 9-11

" Los siete..... son siete .... En los que el .... está sentado "

NOTA: Una montaña, en la profecía, a menudo representa un reino o un rey. (*Jeremías 51: 24-25*). El sistema de adoración falsificado de Satanás ha existido desde los días de Babilonia y ha sido apoyado por gobiernos de todo el mundo. Dado que el cuadro cronológico de Apocalipsis 17 viene después de los 1260 años de persecución de " *Abominación desoladora* " = *Cabeza de la Iglesia Católica de Roma.*

LA ÚLTIMA CABEZA DE LA IGLESIA CATÓLICA HASTA EL FIN DEL MUNDO

¡Analicemos las fechas que trazan todo el ascenso del VATICANO en la historia de la cristiandad después de su caída desde 1798 hasta 1929 y siguientes!

1. De 1922 a 1929, hasta 1939 **Pío XI Pedro XI** (64 años en su investidura). _

Firma los acuerdos LATRAN en ROMA por MUSSOLINI

2. **1939 Pierre XII (63 años cuando fue investido)**

3. 1958 **Juan XXIII** (76 años en su investidura).

4. 1963 **Pablo VI** (65 años de investidura).

5. **1978 Juan Pablo I (68 años en su investidura).**

47. ¿Cuántos hay?

Apocalipsis 13: 3 " ....exist e "

48. ¿Quién es el que es?

NOTA: *El Jefe de la Iglesia Católica que sucedió a los cinco que habían caído es de hecho el siguiente cuya historia registra que fue **uno** de los más populares en todo el catolicismo: **JUAN PABLO II.***

Apocalipsis 13: 3

1978 **JEAN PAUL II** " A .... "

NOTA: *De 1978 a 2005, JUAN PABLO II fue uno de los reinados más largos al frente del catolicismo y también uno de los más populares. En total pasó 27 años. Por eso la Biblia habla de él en un presente continuo " ¡ **Uno existe ! "** "*

49. Pero, ¿qué iba a suceder a continuación en la cronología de las sucesiones a la cabeza de la bestia?

" *Uno existe, el .... aún no es ...., y cuando venga, debe quedarse ....,....., ...* "

2005 **Benedicto XVI** (78 años de investidura).

50. ¿Qué dice la Biblia sobre este personaje?

" *Que debe quedarse poco tiempo*". "*Apocalypse 17: 10*

51. ¿Está tan verificado?

Sí, de hecho, BENEDICTO XVI abandonó el trono del VATICANO tras una repentina dimisión que sorprendió a todas las Iglesias del mundo hasta las cancillerías interesadas en este acontecimiento al más alto nivel de la diplomacia internacional. Su corto período al frente de la Iglesia Católica marca un punto decisivo en la profecía, y el fin del mundo que suena como un fin hoy. **¡ES EL FIN DEL MUNDO !** ¿Te das cuenta de que ciertamente eres la última familia terrenal que vive en la tierra?

¡Continuemos examinando las Sagradas Escrituras con miras a recibir el prepago JESÚS PRONTO !

52. Finalmente, ¿qué anuncia para el final?

" Y la Bestia que era, y que ya no es, es ella misma Uno .... Rey, y es uno de los siete, y va a .... ".

53. ¿Cuál es el término que se usa para poner fin a su reinado?

Apocalipsis 13: 3

" Y ella va a .... ".

54. ¿Compara los términos usados aquí para identificar a esta bestia?

II Tesalonicenses 2: 1-3

" Que nadie os engañe de ninguna manera; porque la apostasía debe haber ocurrido antes, y que hemos visto aparecer al

Hombre de Pecado, el Hijo de .... "

55. ¿Qué es realmente?

" Que nadie os engañe de ninguna manera; porque la apostasía debe haber ocurrido antes, y debemos haber visto la aparición del hombre de pecado, " el hijo de perdición ", el adversario que se eleva por encima de todo lo que se llama Dios o de lo que adoramos, hasta sentarse en el templo de Dios, proclamándose Dios ...... Porque el misterio de la iniquidad ya está obrando, solo es necesario que quien aún lo retiene haya desaparecido. Entonces aparecerá el impío, a quien el Señor destruirá con el aliento de su boca, y al que aniquilará con el resplandor de su venida. La aparición de este impío será, por el poder de Satanás, con toda clase de milagros, señales y prodigios mentirosos, y con todas las seducciones de la iniquidad para aquellos que perecen por lo que no han recibido el amor de la verdad para ser salvos. Por eso Dios les envía un poder de engaño, para que crean en la mentira, para que todos los que no creyeron en la verdad, pero que se complacieron en la

injusticia, sean condenados. Por nosotros, hermanos amados del Señor, debemos dar gracias continuamente a Dios por ustedes, porque Dios los ha escogido desde el principio para salvación, por la santificación del Espíritu y por la fe en la verdad. " -- -

56. ¿CÓMO SU FIN PASAR?

" Los diez cuernos que viste son diez reyes, que aún no han recibido reinos, pero a quienes se les dará autoridad como rey por una hora con la Bestia. Tienen un propósito y le dan sus poderes y sus autoridades a la Bestia. Pelearán contra el Cordero y el Cordero los vencerá porque él es el Señor de señores y el Rey de reyes, y los llamados, los elegidos y los fieles también los vencerán. Y me dijo: Las aguas que has visto sobre las cuales se sienta la ramera, son pueblos y muchedumbres, naciones y lenguas. " Los diez cuernos que viste y la bestia odiarán a la prostituta, y estará desnuda, y dará a luz, comerá su carne y ***la consumirá al fuego.*** *Porque Dios ha puesto en sus corazones para cumplir su propósito, y para cumplir propósito, y dar Su realeza a la Bestia, hasta que se*

cumplan las palabras de Dios. y la mujer que viste es la gran Ciudad que TIENE reinado sobre los reyes de la tierra.

¡HAGAMOS RESUMEN DE ESTOS EVENTOS EN UN GRÁFICO !

1

FECHAS IMPORTANTES AL CURAR LA LESIÓN DEL BEBÉ Y SU RESTAURACIÓN: Apocalipsis 13

" Los cinco reyes que han caído " Apocalipsis 17: 10

(64 años cuando asumió el cargo).

- 1922 Pío XI (64 años)

1929 Pío XI firma los acuerdos LATRAN en ROMA por MUSSOLINI

(63 años cuando asumió el cargo).

- 1939 Pío XII (63 años)

El 3 er Rey **Juan XXIII**

(76 años cuando asumió el cargo).

- 1958

El 4 rey ***PAUL VI***

(65 años cuando asumió el cargo).

- 1963

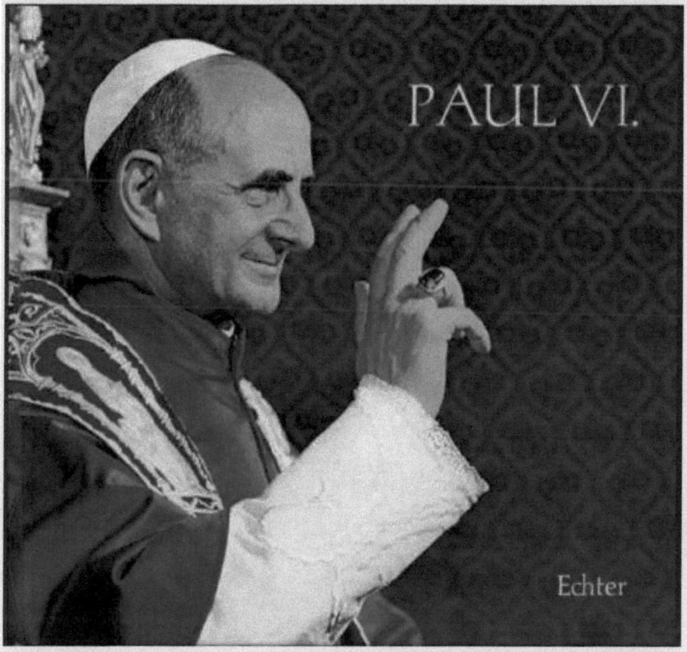

El 5 rey ***Juan Pablo I***

(68 años después de su inauguración).
- 1978

(EL REY QUE DEBE PERMANECER MUCHO TIEMPO, porque " Uno

existe " = 27 años)

6 rey (J EAN PAUL II

(58 años después de su inauguración).

- 1978

***El 7 Rey* Benedict**

(78 años después de su inauguración).

2

" (EL REY QUE...) VA A (SU) PERDICIÓN, Y POR LO TANTO EL ÚLTIMO REY. "

EL 8 rey Francisco Ier

(76 años cuando fue investido. Nació el 17 de diciembre de 1937)

Invertido en 2013 y 13 de marzo.

57. ¿QUE REPRESENTAN LOS DIEZ CUERNOS?

Apocalipsis 17: 12

" Los diez ………….. son diez …… ……….. "

NOTA: Estos diez reyes representan las naciones de la Europa moderna.

58. ¿Por qué la gente encuentra su Iglesia " fría y mundana "?

Apocalipsis 14:18

Porque… *" Babilonia es ……………* "

59. Algunos quieren reformar las iglesias. ¿Qué hace Dios dice?

Apocalipsis 18: 4

" …….desde la mitad de…….. mi…., para que no compartas Su…… "

NOTA: Las iglesias caídas no estarán de acuerdo en ser reformadas. Ellos sufrirán las siete plagas y serán destruidos junto con el resto de toda la tierra pronto cuando el Hijo de Dios Jesucristo aparezca en la raza santa acompañado por las nubes celestiales. Entonces Dios pide a su pueblo que salga antes de este día fatídico, el gran día del Señor, este día espantoso y espantoso para todas las naciones de la tierra que se lamentarán cuando aparezca la señal del Hijo del Hombre.

60. ¿Qué dice Jesús acerca de sus ovejas? Juan 10: 6

" *Cell están ahí, tengo que ......; ellos .... Mi .... Y habrá .... Rebaño único y .... Solo Pastor* ".

NOTA: Jesús dijo: " *Mis ovejas oyen mi voz y me siguen* ". Las ovejas de Dios hoy en Babilonia escucharán su llamado y entrarán en su rebaño.

Es tan importante para una persona hoy como lo fue para los contemporáneos de Noé entrar en el arca.

61. ¿Aceptarás responder al llamado de Dios, invitándote a

salir de Babilonia y entrar en su arca? su Iglesia?

Respuesta: ....

CONCLUSIÓN

Comunidades cclesial que dicen pertenecer a las naciones o estados a causa de sus orígenes o la legalización de la creación, no pueden ser simplemente la Iglesia de Cristo. Cuando lo verificamos, ¡ningún profeta, ni siervo de Dios, en el Antiguo como en el Nuevo Testamento ha estado a favor ante las autoridades civiles o militares de un país ! " *Juan el Bautista fue decapitado por un rey.* " " *Como Jesús, crucificado bajo un rey.* " *Daniel echado al foso de los leones por los consejeros del rey*". " " *Jeremías perseguido y maltratado por los mismos reyes de Judea.* " Por lo tanto, somos más formales que la Biblia. Porque ninguna autorización legal, o aprobación para la práctica de nuestra fe, debe ser firmada de antemano a los cristianos. Si anteriormente este no era el caso, para reunirnos en un lugar de culto, permítanos mostrar coraje y no servilismo. Como recordatorio, nuestros lugares exclusivos de culto serán necesariamente casas privadas. Se puede hacer una excepción en el caso de que un miembro de la Iglesia otorgue un espacio más grande si y solo si este edificio puede disfrutar de la prerrogativas asignadas a una vivienda familiar por las autorités du pays en cuestión, de acuerdo con el respeto a los derechos sobre la tierra o las normas de vivienda. Siendo esto blanco, queremos permanecer lo más cerca de las instrucciones de Cristo en materia de culto: " FORMARON grupos de cincuenta ! sin embargo, nos no nos reconocemos por cualquier falta de buena ciudadanía ! ya no como promotor de la moral Cualquier desobediencia ! en especial, no como la corriente altermundialista en boga en los países europeos. Este último vil o libertades religiosas formuladas en la mayoría de las constituciones están en buena y debida forma con respeto al César, en particular las leyes sobre impuestos y varios impuestos financieros y monetarios que " *Jesús mismo pagó y ordenó a Pedro que lo hiciera". como mucho* " ! Concomitantemente con estos aspectos mencionados anteriormente, nuestra práctica de culto lucha contra todas las formas de crimen e injusticia, y condena a sus perpetradores. Sin embargo, el ejercicio de nuestra fe nunca estará sujeto a ninguna autoridad civil, militar o de otro tipo... Así como nuestras asambleas de ninguna manera pueden servir a los intereses de ninguna familia política. Tanto más cuanto que la política, aunque no está formalmente prohibida, no nos es útil ni para la obra de salvación ni para el caminar cristiano. Por tanto, recordamos que no hay en nosotros ninguna tendencia política de obediencia alguna. Mientras la Biblia no estipule que obtengamos una ordenanza de ley que nos permita reunirnos, tampoco nos someteremos a ninguna condición de ejercicio de nuestra fe por parte de las autoridades. ¡Esto se aplicará a cualquier país ! En esto queremos que la Iglesia que dispensa todas estas enseñanzas sea reconocida como auténticamente verdadera, por ser de esencia divina y, por tanto, de autoridad crismal, es decir, de Cristo. El único documento que tenemos disponible y que puede justificar la práctica de nuestra fe, sigue siendo y seguirá siendo la Biblia.

Por otra parte, todo cristiano estará sujeto a las leyes del país de su residencia, sin objeción alguna al respeto de los poderes públicos, normas civiles, estricta obediencia reglamentaria, observancia de códigos y práctica de la ley. Todo lo que no esté en conflicto con la fe cristiana. Sin embargo, no podemos tolerar prácticas extrabíblicas, especialmente las sexuales. El matrimonio se consuma exclusivamente entre dos adultos de sexos opuestos, que viven en una relación moralmente marital beneficiándose del apoyo de los padres de las dos parejas, especialmente los de la familia de la mujer. Los cónyuges deben haber alcanzado la mayoría absoluta de acuerdo con las disposiciones vigentes en su país de origen. Cualquier otra forma que se desvíe de las de la declaración antes mencionada estará prohibida y será objeto de una firme condena por parte de los predicadores cristianos, incluso en lugares públicos. 2Timoteo 4: 2 *" Predica la palabra, insiste en toda ocasión, favorable o no, redarguye, censura, exhorta, con toda mansedumbre e instrucción. Porque vendrá el tiempo en que los hombres no soportarán la sana doctrina; pero, teniendo ganas de oír cosas agradables, se darán a sí mismos una multitud de maestros según sus propios deseos, apartarán el oído de la verdad y se volverán a las fábulas. Pero tú, sé sobrio en todo, soporta el sufrimiento, haz la obra de evangelista, cumple bien tu ministerio.* "

Conscientes de las dificultades sobre el terreno, recomendamos a todos los predicadores cristianos este consejo de Pablo en 2 Timoteo 2:24 *" Ahora bien, un siervo del Señor no debe tener rencillas; por el contrario, debe tener condescendencia hacia todos, ser capaz de enseñar, dotado de paciencia; debe enderezar suavemente a los adversarios, con la esperanza de que Dios les conceda el arrepentimiento para llegar al conocimiento de la verdad, y que, habiendo llegado a su sentido común, se liberen de las trampas del diablo, que se ha apoderado de ellos. él. ' Ellos a presentar ellos a su voluntad. "*

RESUMEN

6. ¿Qué misión recibió el apóstol Pedro directamente de Jesús? *Mateo 16:18 - 19*

7. ¿Qué hace que Pedro se convierta en el líder de los otros ancianos, sus hermanos? *Juan 21:15 - 17*

8. Pero, ¿se consideraba Pedro a sí mismo por encima de los demás élderes de la Iglesia? *1 Pedro 5: 2-4*

9. ¿Cómo se llamó el apóstol Pedro? *1 Pedro 5: 2 - 4*

10. *¿Fue una tarea voluntaria servir a la Iglesia en los tiempos bíblicos de los apóstoles? 1 Pedro 5: 2-4*

11. ¿Cuál fue la motivación de los ancianos en los días de los apóstoles? *1 Pedro 5: 2-4*

12. ¿Quién se considera el Pastor Soberano de la Iglesia? *1 Pedro 5: 2-4*

13. ¿La Biblia menciona la coronación de la mujer como pastora en la Iglesia?

14. ¿Por qué la Biblia habla del don de pastor cuando no hay nadie que

haya sido nombrado
tan individualmente? *Mateo 23: 1-11*

15. ¿Qué significa tener el don de pastor en el sentido bíblico del término? *Hechos 20: 28 - 35*

16. ¿A quién se usó el término Pastor en todas las cartas de los Apóstoles? *Hechos 20: 28 - 35*

17. *¿Pueden los hombres ser llamados individualmente por el título de Pastor de la misma manera que Jesús? Mateo 23: 1-11*

18. ¿Cuántos dones ministeriales de la palabra le dio Dios a su Iglesia? *1 Corintios 12 ! 27 - 31*

19. LA ORDENANZA BÍBLICA QUE ORGANIZA EL CULTO, SE OPONE AL CLERICALISMO MUNDIAL ACTUAL

20. " *¿Qué hacer, pues, hermanos? 1 Corintios 14:26*

21. ¿Cuál es la instrucción del apóstol Pablo para el ejercicio del don de la lengua en la Iglesia? *1 Corintios 14:27*

22. Según la Biblia, ¿el don del lenguaje y la profecía, respectivamente, conciernen a qué categoría de personas? *1 Corintios 14:27 "*

23. Falsas concepciones del ejercicio del don del lenguaje en las iglesias contemporáneas: *1Corintios 14: 2 "*

24. ¿En qué condiciones no puedes hablar en una lengua? 1 Corintios 14: 28-29

25. ¿Cómo se debe ejercer el don de profecía en la Iglesia según la Biblia? *1 Corintios 14: 31 - 32*

26. Desviarse de las santas instrucciones de la adoración, ¿conduciría a qué riesgos según Dios? *1 Corintios 14: 33 - 34*

27. ¿Tienen las mujeres y las hermanas cristianas derecho a un capítulo en el culto cristiano? 1 Corintios 14: 35 - 40

OBSERVACIÓN DEL DOMINGO BABILÓNICO, CONTRA EL SÁBADO BÍBLICO DEL SÁBADO

28. El día de reposo ya ha sido cambiado o mal observado por todas las comunidades de la Tierra

¿Había permitido Dios que su pueblo reconociera su día de descanso y de comunión con él exclusivamente? *Éxodo 16: 4-5*

29. *¿Cuántos años duraron las pruebas de la observancia del sábado por parte del pueblo en el desierto?* Josué 5: 6

30. En la época de Ezequiel, ¿cuál era la preocupación de Dios? *Ezequiel 22: 26*

31. ¿Qué dice Dios sobre los intentos de cambiar
su ley? *Deuteronomio 4: 2*

32. ¿De dónde vino el origen del culto dominical vienen de?

33. ¿Y cuál es la relación directa entre el SOL y el culto dominical que se origina en Roma?

34. . La observancia del domingo como día de reposo para reemplazar al sábado, ¿no estaría relacionada con la marca del "666" en la mano? *Ezequiel 20: 10-12*

LA ORDENACIÓN DEL MATRIMONIO BÍBLICO

35. ¿Dónde se celebraban los matrimonios cristianos: Iglesia o familia? *1 Corintios 7: 36 - 38*

36. ¿El matrimonio celebrado por las familias obedece a un mandamiento de Dios? Los cuales uno?

37. *¿Qué predice la Biblia sobre el abandono de la fe de los creyentes en sus padres al final de los tiempos? 2 Timoteo 3: 1-9*

38. Hábitos de vestir especialmente los del género femenino que refleja toda la ligereza en el culto según el cual los cristianos deben adorar a Dios en todas las circunstancias.

39. Avaricia pronunciada contra la ayuda económica para la propagación de la palabra de Dios.

40. El abandono de la forma de tomar la escena santa según las Sagradas Escrituras en torno a una comida compartida por todas las familias reunidas con el lavamiento de los pies,

fortaleciendo así la caridad entre los Hermanos Cristianos.

ESTOS EDIFICIOS LLAMADOS IGLESIAS

41. ¿Jesús ordenó la construcción de edificios llamados iglesias?

Isaías 66: 1-2

42. ¿Dónde reside el Espíritu de Dios? ¿En el corazón del Hombre o en estos edificios llamados Iglesias? 1 Pedro 2: 3-9

43. Los cinco dones del ministerio de la palabra que la Iglesia hoy no reconoce debido a la abominación desoladora y el espíritu de engaño que ciega al pueblo de Dios.

TODO EL ARSENAL DECORATIVO DE OBJETOS FARFELUS AÑADIDO AL CULTO BABILONIA

EL SÍMBOLO DE UNA APOSTASÍA ESPIRITUAL

44. ¿Qué mensaje envió el ángel al mundo antes del regreso de Cristo?

Apocalipsis 14: 8

45. ¿Qué mandamiento da Dios con respecto a Babilonia?

Apocalipsis 18: 4

46. ¿Cuáles son las razones por las que Dios quiere que su pueblo abandone Babilonia?

47. Algunos dicen que es la ciudad real, restaurada. ¿Qué dice la Biblia dice? *Isaías 13: 19 - 21*

48. ¿Qué símbolo usa Dios para describir a Babilonia?

Apocalipsis 17: 15

49. ¿Cómo llama Apocalipsis a Babilonia la Grande?

Apocalipsis 17: 5.

ABOMINACIÓN DE DESOLACIÓN (papado) - PASADO, PRESENTE, FUTURO

50. ¿Cómo describe Dios a la Bestia en Apocalipsis 17?

AQUÍ ESTÁ LA EXPLICACIÓN

51. ¿Qué poderes están representados por las siete montañas? *Apocalipsis 17: 9-11*

52. ¿Cuántos están allí? *Apocalipsis 13: 3*

53. ¿Quién es el que es?

54. Pero, ¿qué iba a pasar a continuación en la cronología de las sucesiones a la cabeza de la bestia?

55. ¿Qué dice la Biblia sobre este personaje?

56. Es que por lo verificó?

57. Finalmente, ¿qué anuncia para el final?

58. ¿Cuál es el término usado para terminar su reinado? *Apocalipsis 13: 3*

59. ¿Compara los términos usados aquí para identificar a esta bestia? *II Tesalonicenses 2: 1-3*

60. ¿Qué es lo realmente?

¿CÓMO SU FIN PASAR?

¡HAGAMOS RESUMEN DE ESTOS EVENTOS EN UN GRÁFICO !

FECHAS IMPORTANTES AL CURAR LA LESIÓN DEL BEBÉ

Y SU RESTAURACIÓN: Apocalipsis 13

" Los cinco reyes que han caído " Apocalipsis 17: 10

(EL REY QUE DEBE PERMANECER MUCHO TIEMPO, porque " Uno existe " = 27 años)

" (EL REY QUE...) VA A (SU) PERDICIÓN, Y POR LO TANTO EL ÚLTIMO REY. "

61. ¿Qué representan los diez cuernos?

Apocalipsis 17: 12

62. ¿Por qué la gente encuentra su Iglesia " fría y mundana "?

Apocalipsis 14:18

63. Algunos quieren reformar las iglesias. Lo que hace Dios dice?

Apocalipsis 18: 4

64. ¿Qué dice Jesús acerca de sus ovejas? *Juan 10: 6*

65. ¿Aceptarás responder al llamado de Dios, invitándote a salir de Babilonia y entrar en su arca? su Iglesia?

Respuesta:

ALLONS, ALLONS... UN TEXTE QUI A PLUS DE CENT ANS
EST FORCÉMENT UN PEU DÉPASSÉ...
LAÏCITÉ
BIBLE
CORAN
TORAH

EN LA MISMA COLECCIÓN DE ESTUDIO BÍBLICO:

1. LA PROFECÍA MÁS LARGA DE LA BIBLIA; TÍTULO I, EL BAUTISMO DE JESUCRISTO, EL ANUNCIO DEL SANTO DE LOS SANTOS.

2. LA PROFECÍA MÁS LARGA DE LA BIBLIA; TÍTULO II, LA PURIFICACIÓN DEL SANTUARIO, SATANÁS ES CAZADO DEL CIELO.

3. EL FIN DEL MUNDO EN LA BIBLIA Y LA SEÑAL DE LA BESTIA, EL " 666 ".

4. LA GRAN SEÑAL DE LA BESTIA, LA (666) REVELADA.

5. ¿CÓMO HAN TOMADO YA LOS HOMBRES LA SEÑAL (666) DE LA BESTIA EN EL FRENTE?

6. ¿CÓMO HAN TOMADO YA LOS HOMBRES (666) LA SEÑAL DE LA BESTIA EN LA MANO?

7. LOS DIEZ MANDAMIENTOS DE DIOS Y LA SALVACIÓN EN JESUCRISTO.

8. LOS TIEMPOS, EL PECADO DE JUDAS EN LA IGLESIA CONTEMPORÁNEA APOSTASIADO.

9. ¿CUÁLES SON LOS OTROS SIGNOS DE LA BESTIA?

10. EL FUNCIONAMIENTO DE LA IGLESIA APOSTAL.

11. PARAÍSO Y ESPERANZA CRISTIANA.

12. LA IGLESIA, LOS CRISTIANOS.

13. ¿ QUIÉN ES EL VERDADERO DIOS?

14. ¡ HAY UN DIOS !

15. ¡ HAY UN SEÑOR !

16. ¡ HAY UN ESPÍRITU !

17. ¡ SOLO HAY UNA FE !

18. ¡ HAY UNA ESPERANZA !

19. ¡ HAY UN CUERPO !

20. ¡ SOLO HAY UN BAUTISMO !

21. EL SELLO DE DIOS EN EL APOCALIPSIS.

22. EL SELLO DEL DIABLO EN EL APOCALIPSIS.

23. DÍA CUANDO el Vaticano, la gran prostituta, LA MADRE DE LA NECESARIA será destruido.

24. AQUÍ ESTÁ LA GRAN SEÑAL DEL FIN DE LOS TIEMPOS Y EL REGRESO DE JESÚS DE CRISTO.

25. EL MOVIMIENTO ISLÁMICO DESCRITO EN EL LIBRO DEL APOCALIPSIS.

26. LA ÚLTIMA IGLESIA,
LOS 144.000, EL REGRESO DEL SEÑOR JESUCRISTO Y LA ETERNIDAD.

27. VIGÉSIMO
SÉPTIMA ESCRITURA:
¡EL TESTIMONIO ! VIDA CRISTIANA Y TESTIMONIOS !

Contenido

Printed by Books on Demand GmbH, Norderstedt / Germany